pocket book

Desafiando SUA MENTE

SUDOKU

O Sudoku é um jogo baseado no preenchimento lógica de números. O objetivo é inserir números de 1 a 9 em cada uma das células vazias numa grade de 9x9, constituída por 3x3 subgrades chamadas regiões. O quebra-cabeça contém algumas pistas iniciais, que são números inseridos em algumas células, para permitir uma dedução dos números que faltam. Cada coluna, linha e região só pode ter um número de cada um dos 1 a 9. Resolver o problema requer apenas raciocínio lógico e algum tempo.

1ª Edição

Cotia 2020

PÉ DA LETRA EDITORA E DISTRIBUIDORA

001

7			8			5		9
5							7	8
3			6		7			1
		3		7			4	
1		2		4			5	3
	7	4		6			9	
			4					7
				9	5		1	
		9		2	6			

002

7			4			9		3
5							2	1
6			9		2			4
		7		4			3	
1		9		6			7	8
	5	3		7			1	
			6					7
				2	7		9	
		6		5	4			

003

5		2	1					6
	8	3						
	6		3		5			4
3		1	2	6				
			7	5		3		
2	7				3		1	9
7			8			6		1
6					2			3
		9		1	7	2		8

004

6		9	3					4
	5	1						
	3		1		5			2
9		5	2	8				
			9	5		1		
3	1				6		5	9
5			6			9		1
1					4			5
		7		1	9	6		3

005

				5		1		
9			2			3	5	
			3		8		2	
2	8				3		9	
				8	7			6
	6				5			
	3	9					8	
4				1				5
	5				6			

006

				4		8		
2			5			1	3	
			1		2		7	
8	4				5		1	
				6	8			7
	2				1			
	6	2					8	
4				1				6
	9				4			

007

				5	3			
9		3	4		1			
					8	3	5	9
5				4				3
	4						2	7
	1		8			5	4	
		5	3				9	2
8			5			7	1	4
			2	8	4			

008

				9	6			
5		1	4		8			
					7	8	3	9
2				6				5
	5						2	7
	1		5			6	9	
		5	3				6	2
9			7			5	1	3
			6	1	5			

009

				6	4			
4		5	9		1			
					5	6	2	4
1				4				5
	8						1	2
	5		8			3	6	
		1	4				8	7
6			1			5	9	3
			5	3	8			

010

							4	
	7				6	9	3	
		2	8					1
	5			3	1			
8				9				4
		3						
	3							
1				2	7			
			6	4			2	9

011

							8	
	7				9	4	6	
		9	8					5
	9			4	1			
5				9				6
		7						
	2							
9				5	4			
			1	6			3	8

012

	5	4			3	8		
	1		9	6				
							6	
		8						
		6		5			3	1
9								6
			2			4	5	
	9			4			2	7
2			5					3

013

	6	5			1	3		
	1		7	6				
							1	
		9						
		2		4			5	1
6								9
			5			1	6	
	9			1			2	4
1			4					3

014

8	5			2				
		1						2
		6	1			7		
4	1						9	
	7					4	5	
	6			1				
					6			9
			7			5	3	
		4		8		6		

015

9			3			8		
8					6			1
6		7	8	5			9	
3	6	1	4					
					5	1	3	6
	3			1	4	9		2
1			5					7
		4			9			3

016

5			1			8		
7					5			9
1		2	6	8			3	
8	6	7	9					
					7	6	9	8
	7			1	2	9		4
9			7					5
		5			8			3

017

			7		2		8	3
	8			3				
	2		1				5	6
7		6	8		5	4	3	
2	4		9		3		6	1
	1	5	4		6	8		7
6	3				7		1	
				9			7	
8	7		2		1			

018

			7		2		5	4
	1			6				
	4		5				8	1
1		4	6		9	8	7	
9	7		1		8		3	5
	2	3	4		5	1		9
7	8				6		1	
				5			4	
4	3		2		7			

10

019

7		1	8					4
						7		
		8	6	7				5
2	9			3			1	
	7			5			9	8
9				1	3	4		
		7						
4					7	1		3

020

2		4	9					7
						1		
		6	4	8				3
4	7			3			5	
	9			4			7	2
8				7	9	5		
		3						
1					2	4		9

021

7	1	6						4
						8		
2						3	6	
1							9	
5					3		4	
			9		1		5	8
		9	7	6				
						9	8	
				2			3	6

022

8	3	6						1
						6		
4						8	7	
3							6	
1					2		9	
			1		8		5	4
		4	5	1				
						4	2	
				4			1	6

023

	2					9		6
			5				3	
	4				2		7	
			6					4
9		8		4				7
			8				9	
			4		7			5
5							8	3
	3					2		

024

	4					2		9
			4				8	
	3				1		6	
			5					6
6		8		9				2
			1				5	
			2		9			5
3							7	1
	1					6		

025

	6	5	2					
					4			8
4					1	2		
		8				1		
		4		9			5	
						7	9	
	9				6	4		1
				7	2	9	8	
	3	6						

026

						3	4	
		9						
7	4	2						8
				5		8	7	
2	8			9	1			
1								9
	6				8	9		5
	5				6			
4				3		6		

027

8			1					6
7			5	9				
		3	7				1	
9					4		6	
1							2	
	5					3		7
					8			
5	4					8		3
		8					7	1

028

	5				6			2
7		6	2					
						9	4	
9		7			4			1
		5						
				7	1			4
4		9			7	6		
8		2						3
			1					

029

	9				7			8
8		7	2					
						7	9	
2		8			4			7
		4						
				3	2			4
4		9			8	5		
5		1						2
			5					

030

				1	6			
	2	6		4		7		
			2		7		6	
	1				2			6
8		2	1		9		4	
			7	5	4			2
	5	4	8			6		1
	6					5		7
	3		6		5	8		

031

				3	5			
	6	9		1		7		
			6		9		2	
	9				7			1
7		5	4		1		3	
			5	9	2			7
	1	3	8			2		5
	5					1		3
	4		1		3	8		

032

				7	2	1		
		5				6		8
	8	9			5		7	
			2		4	5	3	
	3	2	6		9			
	5		3			9	6	
3		7				2		
		8	4	9				

033

				5	3	9		
		4				6		5
	5	7			8		4	
			7		5	3	1	
	1	5	3		9			
	7		5			4	9	
4		3				5		
		6	9	3				

034

	8				1		5	
				3		8		
7			6	2				4
	9	3						6
4		7				5		8
6						3	1	
5				9	7			3
		9		1				
	3		2				4	

035

					9	5		6
	4					8	2	
5			4		3		1	
3	2	7	8					
8	6		1					7
				9				
	7			5		1		
					8			
6				7				

036

					3	9		1
	1					4	5	
9			5		1		8	
1	7	6	3					
3	9		6					7
				8				
	6			2		3		
					6			
2				7				

037

		2	9				8	
1					2			
				1	7		3	
6	2					9		
5					1			
			8				7	
					3			4
9		6						3
	3		6	5				8

038

	5						8	
2								
3	9			4				6
			2					9
		2		7				
		8				5	3	
	4		8			2		
		5	7	6				
6			9					3

039

	5						1	
9								
3	7			8				4
			4					9
		3		6				
		7				6	3	
	1		3			7		
		6	8	1				
5			7					1

040

	4						5	
2								
					8		9	1
8			7			3		
			5					
	1	7		9		2		
		1		6	3			4
9								
	3				9	6	8	

041

8								5
			8	2		1		
			5			3		7
	8	9	7				6	
	7				6	2	3	
4		2			7			
		5		1	4			
3								4

042

7								3
			7	3		1		
			4			5		8
	9	6	2				5	
	1				8	9	2	
1		4			6			
		2		9	7			
9								2

043

					7	9		
4		5				6		
7	6				9		1	
		4	7		1			9
	1	8	4	3		5		
6								2
				2		4		
8		9	5				2	1
	2				4			6

044

		8		1		9		
		6		2			4	
					9		3	
	6		2	4				7
							9	
		2		6	3			
7					4	2		9
8		9		3				
	2							

045

					1	6	8	
	3	6		8	5		4	1
			7			2		
6							9	3
		9			8			
		8		6		1		
	2			1				9
4								5

046

				6				5
					5	1		
		6		1	9	2		4
		9						
	1	2	4					
	8		9			3		6
				5	2	4		
5			6	7		9		
					3			1

047

7	5		2				9	
6				5	9	2		
		6		4		1		
				3	1			
2	8		7					
9					6	4		
1	6			9			8	
								7

048

9	1		2				7	
2				9	1	8		
		2		8		4		
				7	3			
8	9		5					
1					7	5		
3	2			1			4	
								3

049

	7	5	2					
	3				6		1	
				3		9		
	6			1				8
							2	4
3			8			7		
7						5		
	8						7	
	5		6	4		2		3

050

			6		9		4	1
					1	7		3
		7		5				9
			5			2		
4	7						3	5
		6			2			
7				6		1		
6		5	1					
9	2		3		8			

26

051

5				8			2	4
8		3					6	
	1	7		2				5
	3		8					
1				4	2			
7				6				
						8	5	
	8		6			9		2
	9							

052

4				8			7	1
8		6					4	
	9	7		2				5
	7		6					
6				7	9			
9				1				
						1	3	
	4		2			5		7
	5							

053

	5	9				8		
3			9		8			4
			7					
4		5			1		8	7
2					6			3
		4				2		1
	1						7	
6	9	7		3			4	

054

5		8	3			1	7	4
		7			8			3
9					4	8	5	6
6				9	1		4	5
	9						3	
7	5		4	6				9
3	2	9	8					7
8			5			4		
4	7	5			2	3		8

055

				9		4	7	2
		4	8	7	2	3		
	3							
	2			1				6
7	9			6	8			4
		6				5	3	
6	8	3		5	4			
	4					2		
			9	8	1			

056

	1	3						5
7	6			1				8
					6	4		7
			8					6
			2	3				
		6	5	7		9		2
	3		4		2	6		
		9	3					

057

				1	9			8
2	7					9		
4				3	2		7	
3	1	6				8		
			8		1			
		7				5	1	2
	3		1	8				7
		8					5	1
1			9	5				

058

	4			8			9	
1		5		9		8		7
			6	5	7	3	4	
		2			6		7	9
3								8
6	5		8			1		
	7	9	2	6	1			
5		3		4		9		2
	1			3			8	

059

6		9	3					1
		2			7			9
	3			8	9		7	6
								3
		5			8		6	
4								
	8	4			3	2		5
7				4			3	
1						8	4		7

060

5		1	3					4
		8			2			1
	6		1	9		5	2	
								5
		2		1		8		
3								
	3	4		7	9		5	
8			5			9		
7					1	4		3

061

7		1	8					3
		5			1			6
	6		5	2		8	7	
								5
		8		3		2		
9								
	1	4		6	7		8	
8			2			1		
6					3	9		4

062

		9		1				2
	4	5	2	9		1	7	
	3	2			7	6		
		4	8					3
	1			6		4		
			1			7		6
		1		2		8		
5						3		4
3				4	8		5	

063

			4	2				
8					9	3		1
	5		7	4	8		2	
		3	6					
				5			4	
				8				
1	2						6	
3		8		1	5			

064

4						5	1	
6		8		9				
		7			5	2		
1	8	9			4		2	
								1
2			6			9	4	
			4	8	2		5	6
8		4	3		7	1		
	2						8	

065

1			8	2			5	
					1	2	9	
7								3
	5							
9			4	8				
3		8			7		1	
2						9	8	
		5		7			6	2
			9					5

066

	5					4		
	1	7		2				
4		6				7		8
	2			8		3	5	
					2		8	9
				1				
	4		3					
9		1	2		4			
5				7	6			

067

2	7				5			
5	3	9		2	8			
		4	7					
	2				7		3	
3								5
	8		5				6	
					6	8		
			3	8		6	5	2
			1				9	7

068

6	1				4			
4	7	8		5	9			
		3	8					
	8				3		6	
3								1
	5		4				9	
					8	7		
			1	3		9	8	4
			6				3	5

069

		4		8				
			4		5	3		9
			2		6			
4				6			5	
		9	5			6	3	
	3					2	9	
			7			8		
	7				2			
9		1			8		6	

070

	6	3		7			2	
			6	9	3			
								8
	3				4			1
5				2			7	3
4			9					2
					9			
	7	2				9		5
							4	

071

	9	4		5			3	
			4	3	1			
								5
	6				8			1
8				4			2	7
3			7					8
					5			
	8	3				2		4
							9	

072

6			5		7			1
7					1	6		9
	9							
	5		4					
	7	3	8		5	9	6	
					3		4	
							2	
2		8	6					7
1			7		8			6

073

.	.	.	.	.	6	.	.	3
.	.	.	1	.	.	8	9	.
.	.	7	4	2	.	1	.	.
7	.	6	.	.	.	4	.	.
.	2	.	.	.	.	.	.	.
.	1	.	3	.	7	.	.	.
.	.	.	7	3	.	.	.	8
3	6	2	.	9	.	.	7	.
.	.	.	2	.	.	.	.	.

074

.	.	.	.	.	8	.	.	9
.	.	.	5	.	.	8	1	.
.	.	6	3	1	.	5	.	.
5	.	9	.	.	.	7	.	.
.	2	.	.	.	.	.	.	.
.	4	.	6	.	7	.	.	.
.	.	.	7	8	.	.	.	3
2	9	8	.	5	.	.	7	.
.	.	.	1	.	.	.	.	.

075

					4			2
			8			4	3	
		1	2	5		8		
9		4				6		
	2							
	6		4		5			
			3	6				4
6	4	5		8			7	
			5					

076

					5			3
			2			8	1	
		4	6	3		7		
3		8				2		
	6							
	4		5		6			
			3	5				4
4	1	5		6			7	
			4					

077

					5			8
			1			6	4	
		9	4	2		5		
5		7				9		
	2							
	1		8		6			
			6	7				4
2	6	4		9			3	
			3					

078

	3			9			4	8
2			4		5			
		6						
6					4	3	7	
			7		2			
	4	7	6					2
						1		
			9		8			6
9	6			1			5	

079

	4			2			8	6
8			6		7			
		7						
1					6	5	9	
			7		1			
	6	4	8					3
						8		
			1		9			4
7	3			8			1	

080

	1			8			9	4
8			3		4			
		4						
5					8	1	7	
			9		7			
	7	3	5					9
						9		
			8		5			1
9	6			4			3	

081

4					1			8
					2		1	
8		5						4
				8			9	
	7		3	6				1
					9			
		1			5		2	
	9					8	3	
				2				

082

5					3			2
					4		7	
8		6						1
				8			3	
	1		4	3				5
				5				
		4			1		6	
	6					5	1	
				6				

083

8					9	5		
9		3			7			
	5			3	6		2	9
							9	
	8				2	6	7	
	3							5
	4			2			5	
					1			
				6	3	7		4

084

		3				5		6
	8							
4				1				9
		5		4				
	6		3	9				
	3					7		
			9	1			5	
8		2						
	1		6		5		4	

085

5					3	7		
7		3			8			
	2			1	7		4	8
							3	
	9				6	1	5	
	5							4
	3			8			7	
					4			
				7	5	4		3

086

2					8	3		
7		5			9			
	3			5	1		9	2
							2	
	2				5	7	8	
	5							3
	7			1			6	
					7			
				2	6	1		7

087

1					8	3		
6		5			1			
	4			2	7		1	5
							4	
	3				6	7	5	
	7							6
	8			1			2	
					5			
				8	2	5		9

088

							7	5
5			1			4		6
					9		2	1
7	9						8	
		5	7		2	1		
	8						5	3
6	1		4					
9		8			1			7
2	5							

089

							7	2
8			6			5		1
					5		6	3
7	9						1	
		8	9		1	4		
	5						8	9
5	8		2					
4		2			9			6
9	7							

090

		8		6				
6				3	7	4		
		3	2		8	9		7
			5	1	2	7		
5								9
		7	3	9	6			
2		5	7		9	6		
		9	6	4				2
				2		5		

091

		3		2				
4				5	1	6		
		5	3		6	1		8
			4	9	8	7		
8								9
		9	2	1	7			
9		1	6		5	4		
		2	1	4				6
				8		5		

092

		1		2				
5				4	9	1		
		9	6		1	5		2
			5	1	2	3		
2								5
		4	3	9	7			
9		5	2		6	4		
		8	9	5				1
				8		6		

093

		3		6				
2				9	1	4		
		7	2		4	5		8
			3	8	9	2		
8								9
		2	4	5	6			
5		9	6		2	8		
		6	8	7				2
				4		6		

094

		4		1				
1				2	3	4		
		2	9		4	3		8
			7	9	1	6		
7								1
		1	3	6	5			
4		6	1		9	8		
		5	2	4				3
				3		1		

095

	5			4			3	
	3	4	1			6		
				5	9	2		
		7	9					
		1					2	
	4			2		8		
		3	2	1		4		
		8					1	
	2				3		8	7

096

	2			5			8	
	5	8	9			3		
				8	3	1		
		7	6					
		6					7	
	1			9		6		
		3	8	4		2		
		2					9	
	8				6		4	1

097

2								7
			9				6	
					1	5		
		6		5	4		8	
		5	8					
		7			6			9
	9	8		2		4		
					5	8	1	
5			1					3

098

8								4
			2				3	
				7	8			
		9		7	3		2	
		5	1					
		2			9			3
	9	3		2		5		
					4	3	1	
5			6					9

099

3								2
			7				3	
					3	7		
		7		3	4		2	
		8	6					
		6			8			9
	8	3		5		2		
					1	8	5	
7			8					1

100

8			7			5		6
		2			6	7		
			9			4		
2	7					9	1	
	1	6					3	2
		9			5			
		7	1			3		
5		3			4			8

101

9			1			8		6
		7			6	9		
			9			2		
4	9					7	2	
	5	2					6	4
		4			9			
		8	4			5		
2		9			5			1

102

2			7			9		3
		7			8	5		
			5			8		
5	1					2	3	
	7	9					5	4
		3			9			
		4	6			1		
1		8			7			6

103

6			8			4		2
		2			5	7		
			6			8		
5	4					2	7	
	9	3					1	8
		5			8			
		8	1			5		
2		9			7			6

104

4				7	9	5	2	
	2					3		9
			6					
	6	7		5		1		
				3				
					8	2	5	6
9			4					
	3			8		4		1

105

5				4	3	6	8	
	6					2		4
			5					
	5	4		1		3		
				5				
					2	9	1	5
6			8					
	9			6		1		2

106

2				8	6	9	5	
	4					2		3
			4					
	2	6		4		7		
				2				
					7	4	2	8
4			5					
	5			7		3		6

107

2				5	7	4	3	
	4					7		1
			8					
	9	2		3		5		
				2				
					5	9	2	3
6			3					
	1			8		3		5

108

5				2	4	7	1	
	3					9		4
			8					
	5	1		7		4		
				4				
					5	6	7	1
3			6					
	2			1		8		7

109

		1						8
					2		9	
3		5		1		4		6
				8	4			7
	6			9			1	
4			7	2				
2		4		7		8		9
	9		4					
8						1		

110

		5						4
					6		9	
9		3		1		2		7
				6	8			3
	2			5			4	
5			4	3				
6		9		4		8		2
	5		6					
2						4		

111

7			8	5				1
			1					2
					3			
	5		3		9		4	
1	2			8				7
9							5	
				9		6		
	3		4	7				
			6			4	2	

112

4			3	6				1
			1					6
					7			
	3		2		4		1	
8	9			1				3
2							6	
				2		4		
	2		4	8				
			7			1	9	

113

2			3	1				5
			2					3
					4			
	6		7		8		3	
4	7			3				8
9							6	
				5		3		
	3		4	8				
			9			6	8	

114

						8		
7		9						
6			5	4	2			
					3			
4	6							
			9				1	
2					9			8
	9		3		5		4	6
	7			6			3	2

115

						8		
6		5						
9			8	4	5			
					4			
2	7							
			3				6	
5					1			8
	4		9		8		2	6
	9			5			4	1

116

						2		
4		5						
2			3	4	1			
					7			
7	5							
			6				8	
3					2			8
	7		9		6		1	2
	2			1			4	6

117

						6		
1		3						
5			7	8	6			
					2			
9	2							
			8				1	
2					4			1
	5		6		8		2	3
	1			3			6	5

118

						1		
5		2						
3			7	4	2			
					4			
7	3							
			2				6	
6					9			1
	2		6		7		3	5
	1			2			9	7

119

						5		
4		7						
6			2	4	5			
					6			
5	2							
			4				8	
8					4			7
	6		8		7		2	3
	7			2			4	6

120

7		9						5
			5	2				
	2				9			6
				1				
	4			9			1	
8			6	3		9		
				1				7
6						1	4	8
4		2		8				

121

3		6						2
			3	1				
	7				6			1
					7			
	8			2			3	
1			5	4		9		
				7				6
7						5	2	9
2		4		6				

122

5		4						1
			6	5				
	2				1			6
					5			
	4			9			5	
2			1	4		6		
				1				5
6						4	1	7
7		1		2				

123

2		6						5
			8	6				
	4				5			6
					1			
	3			5			1	
8			9	3		5		
				7				1
5						8	3	2
6		4		1				

124

4		8						3
			2	3				
	6				5			7
					3			
	7			1			6	
3			7	9		5		
				5				2
6						7	3	5
5		2		7				

125

		3	1					
	9		8					
					5		6	
3	8		6			5		
	5				7		9	
	7			2		3		4
7		5				4		3
1	3							
9				6		1		

126

		3	9					
	6		7					
					8		3	
9	8		1			2		
	5				2		1	
	1			8		7		9
6		5				9		1
7	3							
2				1		3		

127

		3	9					
	1		6					
					1		5	
8	9		1			5		
	2				9		4	
	6			4		9		1
4		2				6		9
5	8							
1				9		4		

128

		3	2					
	6		1					
					8		1	
5	3		6			7		
	1				2		6	
	4			7		1		8
3		5				6		1
6	2							
9				5		3		

129

				1		3	5	
2		8	5				6	
					6			9
1			6			2	7	
	6	9			5			3
5			7					
	9				4	8		7
	3	1		6				

130

				1		4	8	
4		5	2				9	
					3			6
3			6			9	1	
	2	9			4			5
2			8					
	9				1	5		2
	1	7		2				

131

				3		6	1	
3		7	8				9	
					7			5
7			9			5	8	
	2	6			5			9
5			1					
	8				4	9		3
	3	4		8				

132

				5		3	7	
6		5	4				1	
					3			8
7			2			6	3	
	2	6			7			5
3			5					
	6				1	2		9
	1	8		2				

133

				8		2	9	
5		4	2				1	
					6			4
4			3			1	6	
	2	3			8			9
8			9					
	1				3	6		2
	4	2		6				

134

		2	9					
4		8					5	3
	6	5	4			8		
							1	
	2		8	5			4	
		3	6					
				3		4		
			2					7
8		4	5		7			2

135

		9	8			7		1
							9	
					2			
					3			8
		2	1		4			
3		5				1	7	
	9			4			5	
				7		9	8	
	7	8		3		2		

136

		2	9			5		4
							6	
					5			
					7			5
		1	2		9			
2		5				3	1	
	1			4			5	
				6		4	9	
	4	7		9		6		

137

3				8				
	1			6				5
			5			1		
		3	4		2		7	
				5	3			9
1			8			2		
	6							
		7	1				2	6
	9							4

138

4				8				
	2			5				3
			1			2		
		5	8		7		9	
				3	6			8
2			9			3		
	1							
		9	6				2	1
	4							6

139

7				3				
	6			7				8
			2			7		
		2	7		9		3	
				2	6			9
6			3			8		
	2							
		5	1				6	7
	3							4

140

7				9				
	8			2				3
			4			7		
		6	2		5		3	
				6	4			7
4			3			1		
	6							
		7	5				1	8
	4							2

141

2					5	8		
								6
7				4			1	
			9			7	6	
	1				3			
				2	4	9	8	
		8					5	
		2	4	7				
6	7		3				2	

142

1					6	8		
								4
9				8			6	
			7			6	4	
	6				4			
				9	8	2	7	
		4					2	
		2	8	3				
5	9		4				8	

143

3					9	8		
								6
6				5			2	
			7			1	5	
	5				4			
				1	6	2	8	
		2					3	
		6	9	3				
4	3		1				9	

144

6					4	7		
								9
1				6			2	
			9			5	6	
	8				5			
				3	2	1	4	
		7					5	
		1	5	9				
9	5		3				7	

145

8							3	4
9		1		5	4	8		
6								
					1		2	8
				3	2			9
			9					
4						5		6
	5		7	9				
		9	2					3

146

8							2	6
6		9		4	2	8		
7								
					4		1	5
				5	9			4
			1					
4						1		2
	6		9	7				
		5	4					8

147

5							4	2
3		2		4	6	8		
7								
					8		1	7
				1	3			8
			9					
8						7		1
	6		8	3				
		7	1					4

148

1							4	6
5		7		2	4	8		
6								
					3		7	5
				9	1			8
			8					
3						7		4
	2		3	1				
		9	4					2

149

5							1	7
4		9		7	1	3		
2								
					3		5	2
				8	2			6
			9					
7						6		4
	9		6	2				
		4	3					1

150

	4	1						2
			8					
	5				6		1	3
		5		7				
	3		5		8		2	6
4	1							
				8	3			7
			2			3	4	
			9		1			

151

.	7	4	.	.	.	.	.	1
.	.	.	3	.	.	.	.	.
.	1	.	.	.	4	.	9	2
.	.	2	.	3	.	.	.	.
.	5	.	1	.	2	.	8	3
1	8	.	.	.	.	.	.	.
.	.	.	.	1	8	.	.	7
.	.	.	7	.	.	6	1	.
.	.	.	9	.	6	.	.	.

152

.	9	4	.	.	.	.	.	8
.	.	.	2	.	.	.	.	.
.	3	.	.	.	1	.	7	9
.	.	7	.	4	.	.	.	.
.	8	.	1	.	9	.	2	6
1	2	.	.	.	.	.	.	.
.	.	.	.	1	7	.	.	3
.	.	.	5	.	.	4	9	.
.	.	.	9	.	4	.	.	.

153

	2	5						4
			1					
	9				4		1	6
		9		1				
	3		9		8		6	2
2	1							
				4	1			8
			6			4	3	
			7		2			

154

	5		1	4				
		7	9					
		4			8			9
					4	8		
				9				2
	6		8			1		3
		9		3				4
	7	1		2				6
		6				5	3	

155

	3		2	1				
		8	7					
		2			9			3
					1	2		
				2				9
	5		9			8		1
		7		5				4
	8	6		7				5
		5				6	8	

156

	8		5	6				
		7	2					
		1			7			4
					1	7		
				5				8
	3		4			5		6
		4		9				3
	1	6		4				9
		3				4	2	

157

9				7	5	6		
		8			3		1	9
	2		9					
	5		3	4				
	8						3	
				5	2		9	
					4		6	
1	9		6			4		
		3	5	9				2

158

3			5		8		9	
	4				1			6
8			4					
	1			8			2	4
		5			7	3		
	9	4			3			
	7		1	4		6		
				2				3

159

							3	
			3		5	1		4
8				7				5
3					4	8	5	
	2	8				6	9	
	5	9	2					3
5				1				7
9		6	5		7			
	3							

160

	3	4					8	
			8	7			2	
			9	3				
	2						3	
	8	7		1			4	
				5		8		
					1	4	6	
		2	7				1	
	9		4	6				

161

9	2			7			8	
1			4					
		4				3		
	6			9	3		7	
			8		5			
	9		7	4			2	
		8				6		
					4			5
	4			6			9	8

162

3		5		2				
	6				5			
		2			1			
					4		8	
				3		2	6	
		4	2	9	7		1	
1						5		6
				8			4	
					3	1		

RESPOSTAS

001

7	2	6	8	1	4	5	3	9
5	4	1	2	3	9	6	7	8
3	9	8	6	5	7	4	2	1
9	5	3	1	7	2	8	4	6
1	6	2	9	4	8	7	5	3
8	7	4	5	6	3	1	9	2
2	3	5	4	8	1	9	6	7
6	8	7	3	9	5	2	1	4
4	1	9	7	2	6	3	8	5

002

7	1	2	4	8	5	9	6	3
5	9	4	7	3	6	8	2	1
6	3	8	9	1	2	7	5	4
8	6	7	1	4	9	2	3	5
1	2	9	5	6	3	4	7	8
4	5	3	2	7	8	6	1	9
2	8	5	6	9	1	3	4	7
3	4	1	8	2	7	5	9	6
9	7	6	3	5	4	1	8	2

003

5	4	2	1	7	8	9	3	6
1	8	3	9	4	6	7	2	5
9	6	7	3	2	5	1	8	4
3	5	1	2	6	9	8	4	7
8	9	4	7	5	1	3	6	2
2	7	6	4	8	3	5	1	9
7	2	5	8	3	4	6	9	1
6	1	8	5	9	2	4	7	3
4	3	9	6	1	7	2	5	8

004

6	8	9	3	2	7	5	1	4
2	5	1	4	6	8	3	9	7
7	3	4	1	9	5	8	6	2
9	7	5	2	8	1	4	3	6
4	6	2	9	5	3	1	7	8
3	1	8	7	4	6	2	5	9
5	4	3	6	7	2	9	8	1
1	9	6	8	3	4	7	2	5
8	2	7	5	1	9	6	4	3

005

8	2	3	7	5	4	1	6	9
9	4	7	2	6	1	3	5	8
5	1	6	3	9	8	7	2	4
2	8	1	6	4	3	5	9	7
3	9	5	1	8	7	2	4	6
7	6	4	9	2	5	8	1	3
6	3	9	5	7	2	4	8	1
4	7	2	8	1	9	6	3	5
1	5	8	4	3	6	9	7	2

006

6	3	1	9	4	7	8	2	5
2	7	9	5	8	6	1	3	4
5	8	4	1	3	2	6	7	9
8	4	6	3	7	5	9	1	2
9	1	5	2	6	8	3	4	7
7	2	3	4	9	1	5	6	8
3	6	2	7	5	9	4	8	1
4	5	7	8	1	3	2	9	6
1	9	8	6	2	4	7	5	3

007

2	8	6	9	5	3	4	7	1
9	5	3	4	7	1	2	6	8
1	7	4	6	2	8	3	5	9
5	2	9	7	4	6	1	8	3
6	4	8	1	3	5	9	2	7
3	1	7	8	9	2	5	4	6
4	6	5	3	1	7	8	9	2
8	3	2	5	6	9	7	1	4
7	9	1	2	8	4	6	3	5

008

8	7	3	2	9	6	4	5	1
5	9	1	4	3	8	2	7	6
4	2	6	1	5	7	8	3	9
2	8	7	9	6	1	3	4	5
6	5	9	8	4	3	1	2	7
3	1	4	5	7	2	6	9	8
1	4	5	3	8	9	7	6	2
9	6	8	7	2	4	5	1	3
7	3	2	6	1	5	9	8	4

009

8	2	7	3	6	4	9	5	1
4	6	5	9	2	1	7	3	8
3	1	9	7	8	5	6	2	4
1	9	6	2	4	3	8	7	5
7	8	3	6	5	9	4	1	2
2	5	4	8	1	7	3	6	9
5	3	1	4	9	6	2	8	7
6	4	8	1	7	2	5	9	3
9	7	2	5	3	8	1	4	6

010

5	6	8	3	1	9	2	4	7
4	7	1	2	5	6	9	3	8
3	9	2	8	7	4	6	5	1
6	5	4	7	3	1	8	9	2
8	1	7	5	9	2	3	6	4
9	2	3	4	6	8	7	1	5
2	3	9	1	8	5	4	7	6
1	4	6	9	2	7	5	8	3
7	8	5	6	4	3	1	2	9

011

6	3	5	4	1	7	2	8	9
1	7	8	5	2	9	4	6	3
2	4	9	8	3	6	1	7	5
8	9	3	6	4	1	5	2	7
5	1	2	7	9	3	8	4	6
4	6	7	2	8	5	3	9	1
3	2	1	9	7	8	6	5	4
9	8	6	3	5	4	7	1	2
7	5	4	1	6	2	9	3	8

012

6	5	4	1	2	3	8	7	9
7	1	2	9	6	8	3	4	5
3	8	9	4	7	5	1	6	2
5	3	8	6	1	2	7	9	4
4	7	6	8	5	9	2	3	1
9	2	1	7	3	4	5	8	6
1	6	3	2	9	7	4	5	8
8	9	5	3	4	1	6	2	7
2	4	7	5	8	6	9	1	3

013

2	6	5	9	8	1	3	4	7
9	1	3	7	6	4	2	8	5
8	4	7	2	5	3	9	1	6
4	8	9	1	7	5	6	3	2
7	3	2	6	4	9	8	5	1
6	5	1	8	3	2	4	7	9
3	2	4	5	9	7	1	6	8
5	9	6	3	1	8	7	2	4
1	7	8	4	2	6	5	9	3

014

8	5	3	4	2	7	9	1	6
7	4	1	6	5	9	3	8	2
9	2	6	1	3	8	7	4	5
4	1	8	2	7	5	6	9	3
2	7	9	8	6	3	4	5	1
3	6	5	9	1	4	2	7	8
1	3	7	5	4	6	8	2	9
6	8	2	7	9	1	5	3	4
5	9	4	3	8	2	1	6	7

015

9	4	2	3	7	1	8	6	5
8	5	3	9	4	6	7	2	1
6	1	7	8	5	2	3	9	4
3	6	1	4	8	7	2	5	9
2	9	5	1	6	3	4	7	8
4	7	8	2	9	5	1	3	6
5	3	6	7	1	4	9	8	2
1	2	9	5	3	8	6	4	7
7	8	4	6	2	9	5	1	3

016

5	3	9	1	7	4	8	2	6
7	8	6	3	2	5	4	1	9
1	4	2	6	8	9	5	3	7
8	6	7	9	4	1	3	5	2
2	9	3	8	5	6	7	4	1
4	5	1	2	3	7	6	9	8
3	7	8	5	1	2	9	6	4
9	1	4	7	6	3	2	8	5
6	2	5	4	9	8	1	7	3

017

4	6	1	7	5	2	9	8	3
5	8	7	6	3	9	1	2	4
9	2	3	1	4	8	7	5	6
7	9	6	8	1	5	4	3	2
2	4	8	9	7	3	5	6	1
3	1	5	4	2	6	8	9	7
6	3	4	5	8	7	2	1	9
1	5	2	3	9	4	6	7	8
8	7	9	2	6	1	3	4	5

018

3	6	8	7	1	2	9	5	4
5	1	9	8	6	4	3	2	7
2	4	7	5	9	3	6	8	1
1	5	4	6	3	9	8	7	2
9	7	6	1	2	8	4	3	5
8	2	3	4	7	5	1	6	9
7	8	5	9	4	6	2	1	3
6	9	2	3	5	1	7	4	8
4	3	1	2	8	7	5	9	6

019

7	2	1	8	9	5	6	3	4
5	6	9	3	4	2	7	8	1
3	4	8	6	7	1	9	2	5
2	9	4	7	3	8	5	1	6
8	1	5	2	6	9	3	4	7
6	7	3	1	5	4	2	9	8
9	8	6	5	1	3	4	7	2
1	3	7	4	2	6	8	5	9
4	5	2	9	8	7	1	6	3

020

2	3	4	9	1	5	8	6	7
7	8	9	6	2	3	1	4	5
5	1	6	4	8	7	2	9	3
4	7	1	2	3	6	9	5	8
6	2	5	7	9	8	3	1	4
3	9	8	5	4	1	6	7	2
8	4	2	1	7	9	5	3	6
9	5	3	8	6	4	7	2	1
1	6	7	3	5	2	4	8	9

021

7	1	6	3	9	8	5	2	4
9	4	3	2	5	6	8	7	1
2	8	5	4	1	7	3	6	9
1	7	8	5	4	2	6	9	3
5	9	2	6	8	3	1	4	7
3	6	4	9	7	1	2	5	8
8	3	9	7	6	5	4	1	2
6	2	7	1	3	4	9	8	5
4	5	1	8	2	9	7	3	6

022

8	3	6	7	5	9	2	4	1
9	7	1	8	2	4	6	3	5
4	5	2	3	6	1	8	7	9
3	8	9	4	7	5	1	6	2
1	4	5	6	3	2	7	9	8
2	6	7	1	9	8	3	5	4
6	2	4	5	1	7	9	8	3
5	1	3	9	8	6	4	2	7
7	9	8	2	4	3	5	1	6

023

8	2	3	7	1	4	9	5	6
1	9	7	5	6	8	4	3	2
6	4	5	3	9	2	1	7	8
3	7	1	6	5	9	8	2	4
9	5	8	2	4	1	3	6	7
4	6	2	8	7	3	5	9	1
2	8	9	4	3	7	6	1	5
5	1	4	9	2	6	7	8	3
7	3	6	1	8	5	2	4	9

024

8	4	1	6	7	5	2	3	9
5	6	9	4	2	3	1	8	7
2	3	7	9	8	1	5	6	4
1	7	3	5	4	2	8	9	6
6	5	8	3	9	7	4	1	2
4	9	2	1	6	8	7	5	3
7	8	6	2	1	9	3	4	5
3	2	4	8	5	6	9	7	1
9	1	5	7	3	4	6	2	8

025

1	6	5	2	8	7	3	4	9
7	2	9	5	3	4	6	1	8
4	8	3	9	6	1	2	7	5
9	7	8	4	2	5	1	6	3
6	1	4	7	9	3	8	5	2
3	5	2	6	1	8	7	9	4
2	9	7	8	5	6	4	3	1
5	4	1	3	7	2	9	8	6
8	3	6	1	4	9	5	2	7

026

5	1	6	9	8	7	3	4	2
8	3	9	4	2	5	7	1	6
7	4	2	6	1	3	5	9	8
6	9	4	3	5	2	8	7	1
2	8	5	7	9	1	4	6	3
1	7	3	8	6	4	2	5	9
3	6	7	1	4	8	9	2	5
9	5	8	2	7	6	1	3	4
4	2	1	5	3	9	6	8	7

027

8	9	5	1	4	2	7	3	6
7	1	6	5	9	3	2	4	8
4	2	3	7	8	6	5	1	9
9	3	2	8	7	4	1	6	5
1	8	7	6	3	5	9	2	4
6	5	4	9	2	1	3	8	7
3	7	9	4	1	8	6	5	2
5	4	1	2	6	7	8	9	3
2	6	8	3	5	9	4	7	1

028

3	5	4	9	1	6	7	8	2
7	9	6	2	4	8	1	3	5
2	8	1	7	3	5	9	4	6
9	3	7	6	2	4	8	5	1
1	4	5	8	9	3	2	6	7
6	2	8	5	7	1	3	9	4
4	1	9	3	5	7	6	2	8
8	7	2	4	6	9	5	1	3
5	6	3	1	8	2	4	7	9

029

6	9	3	1	4	7	2	5	8
8	5	7	2	9	3	4	1	6
1	4	2	6	8	5	7	9	3
2	6	8	9	5	4	1	3	7
3	7	4	8	1	6	9	2	5
9	1	5	7	3	2	8	6	4
4	2	9	3	6	8	5	7	1
5	3	1	4	7	9	6	8	2
7	8	6	5	2	1	3	4	9

030

3	4	7	9	1	6	2	5	8
9	2	6	5	4	8	7	1	3
5	8	1	2	3	7	4	6	9
4	1	5	3	8	2	9	7	6
8	7	2	1	6	9	3	4	5
6	9	3	7	5	4	1	8	2
7	5	4	8	2	3	6	9	1
2	6	8	4	9	1	5	3	7
1	3	9	6	7	5	8	2	4

031

4	2	8	7	3	5	6	1	9
3	6	9	2	1	8	7	5	4
5	7	1	6	4	9	3	2	8
2	9	4	3	8	7	5	6	1
7	8	5	4	6	1	9	3	2
1	3	6	5	9	2	4	8	7
6	1	3	8	7	4	2	9	5
8	5	7	9	2	6	1	4	3
9	4	2	1	5	3	8	7	6

032

4	6	3	8	7	2	1	5	9
7	1	5	9	4	3	6	2	8
2	8	9	1	6	5	4	7	3
9	7	1	2	8	4	5	3	6
5	4	6	7	3	1	8	9	2
8	3	2	6	5	9	7	4	1
1	5	4	3	2	8	9	6	7
3	9	7	5	1	6	2	8	4
6	2	8	4	9	7	3	1	5

033

2	6	1	4	5	3	9	8	7
9	8	4	2	7	1	6	3	5
3	5	7	6	9	8	2	4	1
6	4	2	7	8	5	3	1	9
8	3	9	1	4	6	7	5	2
7	1	5	3	2	9	8	6	4
1	7	8	5	6	2	4	9	3
4	9	3	8	1	7	5	2	6
5	2	6	9	3	4	1	7	8

034

3	8	6	9	4	1	2	5	7
9	4	2	7	3	5	8	6	1
7	1	5	6	2	8	9	3	4
1	9	3	5	8	2	4	7	6
4	2	7	1	6	3	5	9	8
6	5	8	4	7	9	3	1	2
5	6	4	8	9	7	1	2	3
2	7	9	3	1	4	6	8	5
8	3	1	2	5	6	7	4	9

035

7	3	1	2	8	9	5	4	6
9	4	6	5	1	7	8	2	3
5	8	2	4	6	3	7	1	9
3	2	7	8	4	5	9	6	1
8	6	9	1	3	2	4	5	7
4	1	5	7	9	6	3	8	2
2	7	3	6	5	4	1	9	8
1	9	4	3	2	8	6	7	5
6	5	8	9	7	1	2	3	4

036

8	5	2	7	4	3	9	6	1
6	1	7	2	9	8	4	5	3
9	4	3	5	6	1	7	8	2
1	7	6	3	5	4	8	2	9
3	9	8	6	1	2	5	4	7
4	2	5	9	8	7	1	3	6
5	6	4	1	2	9	3	7	8
7	8	1	4	3	6	2	9	5
2	3	9	8	7	5	6	1	4

037

3	5	2	9	6	4	1	8	7
1	4	7	3	8	2	5	6	9
8	6	9	5	1	7	4	3	2
6	2	8	7	3	5	9	4	1
5	7	3	4	9	1	8	2	6
4	9	1	8	2	6	3	7	5
2	8	5	1	7	3	6	9	4
9	1	6	2	4	8	7	5	3
7	3	4	6	5	9	2	1	8

038

1	5	4	6	2	3	9	8	7
2	8	6	1	9	7	3	5	4
3	9	7	5	4	8	1	2	6
4	6	3	2	8	5	7	1	9
5	1	2	3	7	9	6	4	8
9	7	8	4	1	6	5	3	2
7	4	9	8	3	1	2	6	5
8	3	5	7	6	2	4	9	1
6	2	1	9	5	4	8	7	3

039

8	5	4	6	9	7	3	1	2
9	6	2	1	3	4	8	7	5
3	7	1	5	8	2	9	6	4
6	8	5	4	7	3	1	2	9
1	9	3	2	6	8	5	4	7
4	2	7	9	5	1	6	3	8
2	1	8	3	4	5	7	9	6
7	4	6	8	1	9	2	5	3
5	3	9	7	2	6	4	8	1

040

1	4	9	6	3	7	8	5	2
2	7	8	9	1	5	4	3	6
3	6	5	2	4	8	7	9	1
8	9	4	7	2	1	3	6	5
6	2	3	5	8	4	1	7	9
5	1	7	3	9	6	2	4	8
7	5	1	8	6	3	9	2	4
9	8	6	4	7	2	5	1	3
4	3	2	1	5	9	6	8	7

041

8	3	6	4	7	1	9	2	5
9	5	7	8	2	3	1	4	6
2	4	1	5	6	9	3	8	7
5	8	9	7	3	2	4	6	1
6	2	3	1	4	8	7	5	9
1	7	4	9	5	6	2	3	8
4	9	2	6	8	7	5	1	3
7	6	5	3	1	4	8	9	2
3	1	8	2	9	5	6	7	4

042

7	4	1	8	6	5	2	9	3
5	2	8	7	3	9	1	4	6
6	3	9	4	1	2	5	7	8
4	9	6	2	7	3	8	5	1
2	8	5	9	4	1	6	3	7
3	1	7	6	5	8	9	2	4
1	7	4	5	2	6	3	8	9
8	6	2	3	9	7	4	1	5
9	5	3	1	8	4	7	6	2

043

1	8	2	6	4	7	9	5	3
4	9	5	2	1	3	6	7	8
7	6	3	8	5	9	2	1	4
2	5	4	7	6	1	8	3	9
9	1	8	4	3	2	5	6	7
6	3	7	9	8	5	1	4	2
3	7	6	1	2	8	4	9	5
8	4	9	5	7	6	3	2	1
5	2	1	3	9	4	7	8	6

044

4	3	8	7	1	6	9	2	5
1	9	6	3	2	5	7	4	8
2	5	7	4	8	9	1	3	6
9	6	1	2	4	8	3	5	7
3	8	4	5	7	1	6	9	2
5	7	2	9	6	3	8	1	4
7	1	3	8	5	4	2	6	9
8	4	9	6	3	2	5	7	1
6	2	5	1	9	7	4	8	3

045

9	5	2	4	3	1	6	8	7
7	3	6	2	8	5	9	4	1
8	1	4	6	7	9	5	3	2
1	4	3	7	9	6	2	5	8
6	8	5	1	4	2	7	9	3
2	7	9	3	5	8	4	1	6
3	9	8	5	6	7	1	2	4
5	2	7	8	1	4	3	6	9
4	6	1	9	2	3	8	7	5

046

1	9	4	2	6	8	7	3	5
8	2	3	7	4	5	1	6	9
7	5	6	3	1	9	2	8	4
6	7	9	5	3	1	8	4	2
3	1	2	4	8	6	5	9	7
4	8	5	9	2	7	3	1	6
9	6	8	1	5	2	4	7	3
5	3	1	6	7	4	9	2	8
2	4	7	8	9	3	6	5	1

047

4	9	2	6	7	3	8	1	5
7	5	3	2	1	8	6	9	4
6	1	8	4	5	9	2	7	3
3	7	6	9	4	2	1	5	8
5	4	9	8	3	1	7	2	6
2	8	1	7	6	5	3	4	9
9	2	7	5	8	6	4	3	1
1	6	4	3	9	7	5	8	2
8	3	5	1	2	4	9	6	7

048

4	6	3	7	5	8	9	1	2
9	1	8	2	6	4	3	7	5
2	7	5	3	9	1	8	6	4
6	3	2	1	8	9	4	5	7
5	4	1	6	7	3	2	8	9
8	9	7	5	4	2	6	3	1
1	8	9	4	3	7	5	2	6
3	2	6	9	1	5	7	4	8
7	5	4	8	2	6	1	9	3

049

1	7	5	2	9	4	8	3	6
8	3	9	5	7	6	4	1	2
6	4	2	1	3	8	9	5	7
2	6	7	4	1	5	3	9	8
5	9	8	7	6	3	1	2	4
3	1	4	8	2	9	7	6	5
7	2	6	3	8	1	5	4	9
4	8	3	9	5	2	6	7	1
9	5	1	6	4	7	2	8	3

050

2	3	8	6	7	9	5	4	1
5	9	4	2	8	1	7	6	3
1	6	7	4	5	3	8	2	9
8	1	9	5	3	4	2	7	6
4	7	2	8	1	6	9	3	5
3	5	6	7	9	2	4	1	8
7	4	3	9	6	5	1	8	2
6	8	5	1	2	7	3	9	4
9	2	1	3	4	8	6	5	7

051

5	6	9	7	8	3	1	2	4
8	2	3	4	1	5	7	6	9
4	1	7	9	2	6	3	8	5
9	3	6	8	5	7	2	4	1
1	5	8	3	4	2	6	9	7
7	4	2	1	6	9	5	3	8
6	7	4	2	9	1	8	5	3
3	8	5	6	7	4	9	1	2
2	9	1	5	3	8	4	7	6

052

4	3	5	9	8	6	2	7	1
8	2	6	7	5	1	3	4	9
1	9	7	4	2	3	6	8	5
5	7	3	6	4	2	9	1	8
6	1	2	8	7	9	4	5	3
9	8	4	3	1	5	7	6	2
2	6	8	5	9	7	1	3	4
3	4	1	2	6	8	5	9	7
7	5	9	1	3	4	8	2	6

053

1	5	9	4	6	7	8	3	2
7	4	8	2	1	3	6	9	5
3	2	6	9	5	8	7	1	4
9	8	3	7	4	5	1	2	6
4	6	5	3	2	1	9	8	7
2	7	1	8	9	6	4	5	3
8	3	4	5	7	9	2	6	1
5	1	2	6	8	4	3	7	9
6	9	7	1	3	2	5	4	8

054

5	6	8	3	2	9	1	7	4
1	4	7	6	5	8	9	2	3
9	3	2	1	7	4	8	5	6
6	8	3	2	9	1	7	4	5
2	9	4	7	8	5	6	3	1
7	5	1	4	6	3	2	8	9
3	2	9	8	4	6	5	1	7
8	1	6	5	3	7	4	9	2
4	7	5	9	1	2	3	6	8

055

8	6	1	5	9	3	4	7	2
9	5	4	8	7	2	3	6	1
2	3	7	1	4	6	8	5	9
3	2	8	4	1	5	7	9	6
7	9	5	3	6	8	1	2	4
4	1	6	7	2	9	5	3	8
6	8	3	2	5	4	9	1	7
1	4	9	6	3	7	2	8	5
5	7	2	9	8	1	6	4	3

056

9	4	2	7	8	5	1	6	3
8	1	3	6	2	4	7	9	5
7	6	5	9	1	3	2	4	8
3	9	8	1	5	6	4	2	7
2	7	1	8	4	9	3	5	6
6	5	4	2	3	7	8	1	9
4	8	6	5	7	1	9	3	2
5	3	7	4	9	2	6	8	1
1	2	9	3	6	8	5	7	4

057

6	5	3	7	1	9	4	2	8
2	7	1	4	6	8	9	3	5
4	8	9	5	3	2	1	7	6
3	1	6	2	7	5	8	4	9
9	2	5	8	4	1	7	6	3
8	4	7	6	9	3	5	1	2
5	3	4	1	8	6	2	9	7
7	9	8	3	2	4	6	5	1
1	6	2	9	5	7	3	8	4

058

7	4	6	1	8	3	2	9	5
1	3	5	4	9	2	8	6	7
9	2	8	6	5	7	3	4	1
4	8	2	3	1	6	5	7	9
3	9	1	5	7	4	6	2	8
6	5	7	8	2	9	1	3	4
8	7	9	2	6	1	4	5	3
5	6	3	7	4	8	9	1	2
2	1	4	9	3	5	7	8	6

059

6	7	9	3	2	5	8	4	1
8	4	2	1	6	7	5	3	9
5	3	1	8	9	4	7	6	2
2	1	7	5	4	6	9	8	3
3	9	5	2	8	1	6	7	4
4	6	8	9	7	3	2	1	5
9	8	4	7	3	2	1	5	6
7	5	6	4	1	9	3	2	8
1	2	3	6	5	8	4	9	7

060

5	2	1	3	8	6	7	9	4
9	7	8	4	5	2	3	6	1
4	6	3	1	9	7	5	2	8
1	9	7	6	3	8	2	4	5
6	4	2	7	1	5	8	3	9
3	8	5	9	2	4	6	1	7
2	3	4	8	7	9	1	5	6
8	1	6	5	4	3	9	7	2
7	5	9	2	6	1	4	8	3

061

7	9	1	8	4	6	5	2	3
2	8	5	3	7	1	4	9	6
4	6	3	5	2	9	8	7	1
3	4	2	7	9	8	6	1	5
1	7	8	6	3	5	2	4	9
9	5	6	4	1	2	7	3	8
5	1	4	9	6	7	3	8	2
8	3	9	2	5	4	1	6	7
6	2	7	1	8	3	9	5	4

062

8	7	9	4	1	6	5	3	2
6	4	5	2	9	3	1	7	8
1	3	2	5	8	7	6	4	9
7	6	4	8	5	9	2	1	3
9	1	3	7	6	2	4	8	5
2	5	8	1	3	4	7	9	6
4	9	1	3	2	5	8	6	7
5	8	6	9	7	1	3	2	4
3	2	7	6	4	8	9	5	1

063

7	3	5	4	2	1	6	8	9
9	1	6	8	3	7	2	5	4
8	4	2	5	6	9	3	7	1
6	5	1	7	4	8	9	2	3
4	8	3	6	9	2	7	1	5
2	9	7	1	5	3	8	4	6
5	7	4	9	8	6	1	3	2
1	2	9	3	7	4	5	6	8
3	6	8	2	1	5	4	9	7

064

4	9	2	7	3	6	5	1	8
6	5	8	2	9	1	4	3	7
3	1	7	8	4	5	2	6	9
1	8	9	5	7	4	6	2	3
5	4	6	9	2	3	8	7	1
2	7	3	6	1	8	9	4	5
9	3	1	4	8	2	7	5	6
8	6	4	3	5	7	1	9	2
7	2	5	1	6	9	3	8	4

065

1	3	9	8	2	4	7	5	6
5	6	4	7	3	1	2	9	8
7	8	2	6	9	5	1	4	3
6	5	7	3	1	9	8	2	4
9	2	1	4	8	6	5	3	7
3	4	8	2	5	7	6	1	9
2	7	6	5	4	3	9	8	1
4	9	5	1	7	8	3	6	2
8	1	3	9	6	2	4	7	5

066

2	5	3	7	6	8	4	9	1
8	1	7	4	2	9	6	3	5
4	9	6	1	3	5	7	2	8
1	2	4	9	8	7	3	5	6
3	7	5	6	4	2	1	8	9
6	8	9	5	1	3	2	4	7
7	4	8	3	9	1	5	6	2
9	6	1	2	5	4	8	7	3
5	3	2	8	7	6	9	1	4

067

2	7	8	6	1	5	3	4	9
5	3	9	4	2	8	1	7	6
6	1	4	7	3	9	5	2	8
1	2	5	8	6	7	9	3	4
3	4	6	2	9	1	7	8	5
9	8	7	5	4	3	2	6	1
4	5	2	9	7	6	8	1	3
7	9	1	3	8	4	6	5	2
8	6	3	1	5	2	4	9	7

068

6	1	9	2	7	4	3	5	8
4	7	8	3	5	9	6	1	2
5	2	3	8	6	1	4	7	9
2	8	4	9	1	3	5	6	7
3	9	6	7	2	5	8	4	1
1	5	7	4	8	6	2	9	3
9	3	1	5	4	8	7	2	6
7	6	5	1	3	2	9	8	4
8	4	2	6	9	7	1	3	5

069

3	2	4	1	8	9	5	7	6
1	6	8	4	7	5	3	2	9
5	9	7	2	3	6	4	8	1
4	8	2	9	6	3	1	5	7
7	1	9	5	2	4	6	3	8
6	3	5	8	1	7	2	9	4
2	5	6	7	9	1	8	4	3
8	7	3	6	4	2	9	1	5
9	4	1	3	5	8	7	6	2

070

1	6	3	4	7	8	5	2	9
8	2	5	6	9	3	7	1	4
7	9	4	2	1	5	3	6	8
2	3	7	5	8	4	6	9	1
5	8	9	1	2	6	4	7	3
4	1	6	9	3	7	8	5	2
3	4	1	7	5	9	2	8	6
6	7	2	8	4	1	9	3	5
9	5	8	3	6	2	1	4	7

071

1	9	4	6	5	7	8	3	2
2	5	8	4	3	1	7	6	9
7	3	6	8	9	2	4	1	5
9	6	7	5	2	8	3	4	1
8	1	5	9	4	3	6	2	7
3	4	2	7	1	6	9	5	8
4	2	9	3	7	5	1	8	6
5	8	3	1	6	9	2	7	4
6	7	1	2	8	4	5	9	3

072

6	8	4	5	9	7	2	3	1
7	2	5	3	4	1	6	8	9
3	9	1	2	8	6	5	7	4
9	5	6	4	7	2	8	1	3
4	7	3	8	1	5	9	6	2
8	1	2	9	6	3	7	4	5
5	6	7	1	3	9	4	2	8
2	3	8	6	5	4	1	9	7
1	4	9	7	2	8	3	5	6

073

2	9	1	5	8	6	7	4	3
6	5	4	1	7	3	8	9	2
8	3	7	4	2	9	1	6	5
7	8	6	9	5	2	4	3	1
4	2	3	6	1	8	9	5	7
9	1	5	3	4	7	2	8	6
1	4	9	7	3	5	6	2	8
3	6	2	8	9	1	5	7	4
5	7	8	2	6	4	3	1	9

074

1	7	5	2	6	8	4	3	9
4	3	2	5	7	9	8	1	6
9	8	6	3	1	4	5	2	7
5	6	9	8	3	1	7	4	2
3	2	7	9	4	5	1	6	8
8	4	1	6	2	7	3	9	5
6	1	4	7	8	2	9	5	3
2	9	8	4	5	3	6	7	1
7	5	3	1	9	6	2	8	4

075

3	8	6	9	7	4	5	1	2
5	9	2	8	1	6	4	3	7
4	7	1	2	5	3	8	9	6
9	5	4	7	2	1	6	8	3
1	2	7	6	3	8	9	4	5
8	6	3	4	9	5	7	2	1
7	1	8	3	6	9	2	5	4
6	4	5	1	8	2	3	7	9
2	3	9	5	4	7	1	6	8

076

2	9	1	8	7	5	6	4	3
6	3	7	2	9	4	8	1	5
5	8	4	6	3	1	7	2	9
3	5	8	7	4	9	2	6	1
7	6	9	1	2	3	4	5	8
1	4	2	5	8	6	9	3	7
9	7	6	3	5	2	1	8	4
4	1	5	9	6	8	3	7	2
8	2	3	4	1	7	5	9	6

077

4	7	1	9	6	5	3	2	8
3	5	2	1	8	7	6	4	9
6	8	9	4	2	3	5	1	7
5	4	7	2	3	1	9	8	6
8	2	6	7	4	9	1	5	3
9	1	3	8	5	6	4	7	2
1	3	5	6	7	2	8	9	4
2	6	4	5	9	8	7	3	1
7	9	8	3	1	4	2	6	5

078

7	3	5	2	9	1	6	4	8
2	8	1	4	6	5	9	3	7
4	9	6	8	7	3	2	1	5
6	2	8	1	5	4	3	7	9
3	5	9	7	8	2	4	6	1
1	4	7	6	3	9	5	8	2
8	7	4	5	2	6	1	9	3
5	1	3	9	4	8	7	2	6
9	6	2	3	1	7	8	5	4

079

9	4	1	5	2	3	7	8	6
8	2	3	6	1	7	4	5	9
6	5	7	9	4	8	2	3	1
1	7	8	4	3	6	5	9	2
3	9	2	7	5	1	6	4	8
5	6	4	8	9	2	1	7	3
4	1	9	3	6	5	8	2	7
2	8	5	1	7	9	3	6	4
7	3	6	2	8	4	9	1	5

080

3	1	7	6	8	2	5	9	4
8	9	6	3	5	4	7	1	2
2	5	4	1	7	9	3	6	8
5	2	9	4	3	8	1	7	6
6	8	1	9	2	7	4	5	3
4	7	3	5	1	6	8	2	9
1	4	5	2	6	3	9	8	7
7	3	2	8	9	5	6	4	1
9	6	8	7	4	1	2	3	5

081

4	2	3	5	7	1	9	6	8
9	6	7	8	4	2	3	1	5
8	1	5	6	9	3	2	7	4
1	5	4	2	8	7	6	9	3
2	7	9	3	6	4	5	8	1
6	3	8	1	5	9	7	4	2
7	8	1	9	3	5	4	2	6
5	9	2	4	1	6	8	3	7
3	4	6	7	2	8	1	5	9

082

5	4	7	8	1	3	6	9	2
9	2	1	6	5	4	8	7	3
8	3	6	9	7	2	4	5	1
6	5	2	7	8	9	1	3	4
7	1	8	4	3	6	9	2	5
4	9	3	1	2	5	7	8	6
2	8	4	5	9	1	3	6	7
3	6	9	2	4	7	5	1	8
1	7	5	3	6	8	2	4	9

083

8	6	4	2	1	9	5	3	7
9	2	3	8	5	7	1	4	6
1	5	7	4	3	6	8	2	9
6	1	2	3	7	5	4	9	8
4	8	5	1	9	2	6	7	3
7	3	9	6	8	4	2	1	5
3	4	6	7	2	8	9	5	1
5	7	8	9	4	1	3	6	2
2	9	1	5	6	3	7	8	4

084

9	2	3	4	7	8	5	1	6
5	8	1	2	6	9	4	7	3
4	7	6	1	5	3	8	2	9
7	9	5	8	4	1	6	3	2
2	6	4	3	9	7	1	8	5
1	3	8	5	2	6	7	9	4
6	4	7	9	1	2	3	5	8
8	5	2	7	3	4	9	6	1
3	1	9	6	8	5	2	4	7

085

5	8	1	2	4	3	7	6	9
7	4	3	6	9	8	2	1	5
6	2	9	5	1	7	3	4	8
8	1	2	4	5	9	6	3	7
4	9	7	8	3	6	1	5	2
3	5	6	7	2	1	9	8	4
1	3	4	9	8	2	5	7	6
2	7	5	3	6	4	8	9	1
9	6	8	1	7	5	4	2	3

086

2	1	9	6	4	8	3	7	5
7	8	5	2	3	9	6	4	1
6	3	4	7	5	1	8	9	2
3	9	8	1	7	4	5	2	6
1	2	6	3	9	5	7	8	4
4	5	7	8	6	2	9	1	3
9	7	2	5	1	3	4	6	8
5	6	1	4	8	7	2	3	9
8	4	3	9	2	6	1	5	7

087

1	2	7	5	6	8	3	9	4
6	9	5	4	3	1	8	7	2
3	4	8	9	2	7	6	1	5
2	5	6	8	7	3	9	4	1
4	3	1	2	9	6	7	5	8
8	7	9	1	5	4	2	3	6
5	8	3	6	1	9	4	2	7
9	6	2	7	4	5	1	8	3
7	1	4	3	8	2	5	6	9

088

8	2	1	6	4	3	9	7	5
5	7	9	1	2	8	4	3	6
4	3	6	5	7	9	8	2	1
7	9	4	3	1	5	6	8	2
3	6	5	7	8	2	1	4	9
1	8	2	9	6	4	7	5	3
6	1	3	4	5	7	2	9	8
9	4	8	2	3	1	5	6	7
2	5	7	8	9	6	3	1	4

089

6	4	5	1	8	3	9	7	2
8	3	7	6	9	2	5	4	1
1	2	9	4	7	5	8	6	3
7	9	4	3	2	8	6	1	5
2	6	8	9	5	1	4	3	7
3	5	1	7	4	6	2	8	9
5	8	3	2	6	7	1	9	4
4	1	2	8	3	9	7	5	6
9	7	6	5	1	4	3	2	8

090

9	7	8	4	6	1	2	5	3
6	5	2	9	3	7	4	1	8
4	1	3	2	5	8	9	6	7
3	9	4	5	1	2	7	8	6
5	6	1	8	7	4	3	2	9
8	2	7	3	9	6	1	4	5
2	4	5	7	8	9	6	3	1
1	3	9	6	4	5	8	7	2
7	8	6	1	2	3	5	9	4

091

6	1	3	8	2	4	9	7	5
4	7	8	9	5	1	6	3	2
2	9	5	3	7	6	1	4	8
1	2	6	4	9	8	7	5	3
8	4	7	5	6	3	2	1	9
5	3	9	2	1	7	8	6	4
9	8	1	6	3	5	4	2	7
7	5	2	1	4	9	3	8	6
3	6	4	7	8	2	5	9	1

092

4	3	1	7	2	5	9	6	8
5	2	6	8	4	9	1	3	7
8	7	9	6	3	1	5	4	2
6	8	7	5	1	2	3	9	4
2	9	3	4	6	8	7	1	5
1	5	4	3	9	7	8	2	6
9	1	5	2	7	6	4	8	3
3	6	8	9	5	4	2	7	1
7	4	2	1	8	3	6	5	9

093

9	4	3	5	6	8	1	2	7
2	8	5	7	9	1	4	3	6
6	1	7	2	3	4	5	9	8
7	6	1	3	8	9	2	5	4
8	5	4	1	2	7	3	6	9
3	9	2	4	5	6	7	8	1
5	7	9	6	1	2	8	4	3
4	3	6	8	7	5	9	1	2
1	2	8	9	4	3	6	7	5

094

3	9	4	5	1	8	2	7	6
1	8	7	6	2	3	4	5	9
6	5	2	9	7	4	3	1	8
5	4	8	7	9	1	6	3	2
7	6	3	4	8	2	5	9	1
9	2	1	3	6	5	7	8	4
4	3	6	1	5	9	8	2	7
8	1	5	2	4	7	9	6	3
2	7	9	8	3	6	1	4	5

095

7	5	2	8	4	6	9	3	1
9	3	4	1	7	2	6	5	8
8	1	6	3	5	9	2	7	4
2	8	7	9	3	5	1	4	6
3	9	1	6	8	4	7	2	5
6	4	5	7	2	1	8	9	3
5	7	3	2	1	8	4	6	9
4	6	8	5	9	7	3	1	2
1	2	9	4	6	3	5	8	7

096

3	2	1	7	5	4	9	8	6
7	5	8	9	6	1	3	2	4
6	9	4	2	8	3	1	5	7
9	4	7	6	3	2	5	1	8
2	3	6	5	1	8	4	7	9
8	1	5	4	9	7	6	3	2
1	7	3	8	4	9	2	6	5
4	6	2	1	7	5	8	9	3
5	8	9	3	2	6	7	4	1

097

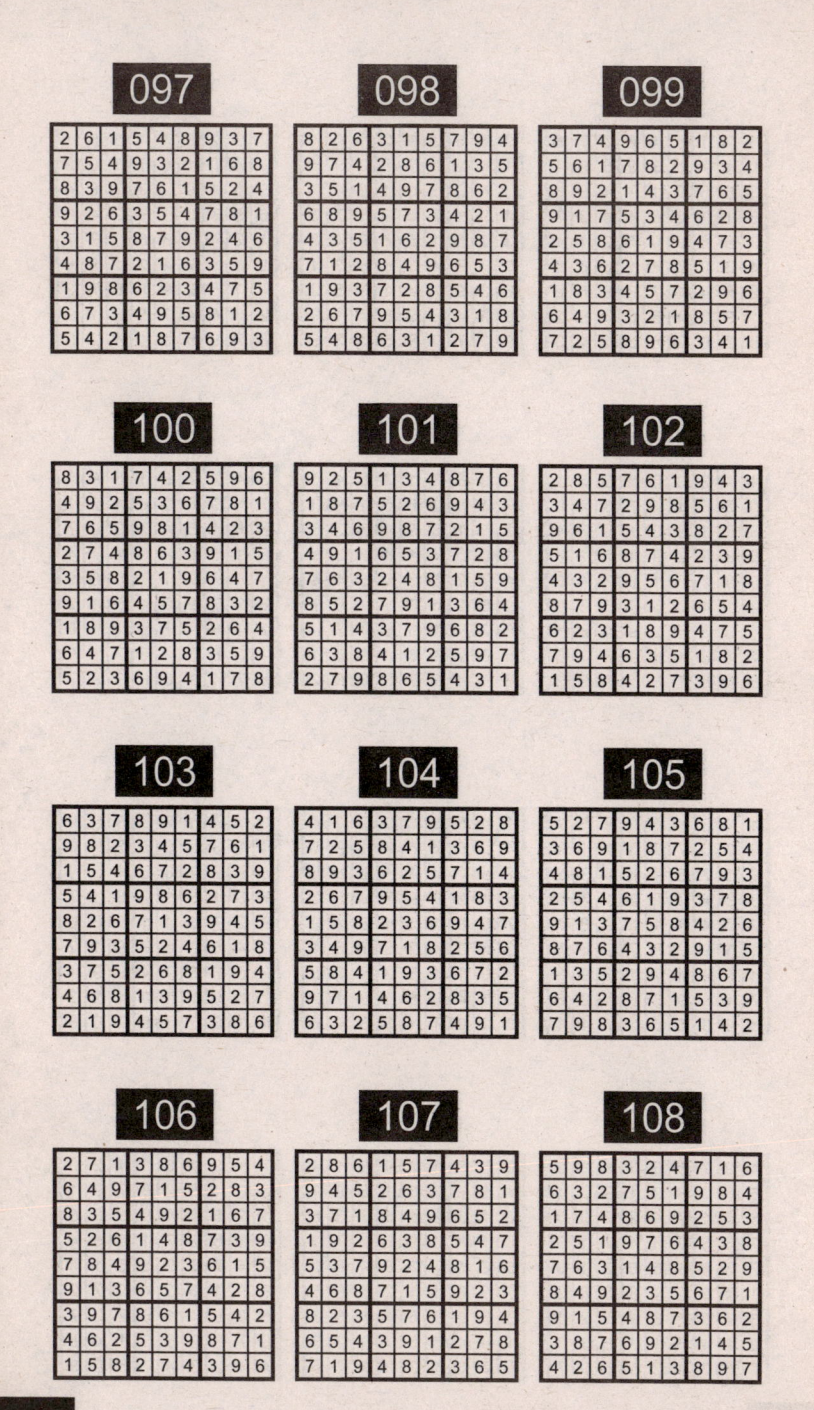

2	6	1	5	4	8	9	3	7
7	5	4	9	3	2	1	6	8
8	3	9	7	6	1	5	2	4
9	2	6	3	5	4	7	8	1
3	1	5	8	7	9	2	4	6
4	8	7	2	1	6	3	5	9
1	9	8	6	2	3	4	7	5
6	7	3	4	9	5	8	1	2
5	4	2	1	8	7	6	9	3

098

8	2	6	3	1	5	7	9	4
9	7	4	2	8	6	1	3	5
3	5	1	4	9	7	8	6	2
6	8	9	5	7	3	4	2	1
4	3	5	1	6	2	9	8	7
7	1	2	8	4	9	6	5	3
1	9	3	7	2	8	5	4	6
2	6	7	9	5	4	3	1	8
5	4	8	6	3	1	2	7	9

099

3	7	4	9	6	5	1	8	2
5	6	1	7	8	2	9	3	4
8	9	2	1	4	3	7	6	5
9	1	7	5	3	4	6	2	8
2	5	8	6	1	9	4	7	3
4	3	6	2	7	8	5	1	9
1	8	3	4	5	7	2	9	6
6	4	9	3	2	1	8	5	7
7	2	5	8	9	6	3	4	1

100

8	3	1	7	4	2	5	9	6
4	9	2	5	3	6	7	8	1
7	6	5	9	8	1	4	2	3
2	7	4	8	6	3	9	1	5
3	5	8	2	1	9	6	4	7
9	1	6	4	5	7	8	3	2
1	8	9	3	7	5	2	6	4
6	4	7	1	2	8	3	5	9
5	2	3	6	9	4	1	7	8

101

9	2	5	1	3	4	8	7	6
1	8	7	5	2	6	9	4	3
3	4	6	9	8	7	2	1	5
4	9	1	6	5	3	7	2	8
7	6	3	2	4	8	1	5	9
8	5	2	7	9	1	3	6	4
5	1	4	3	7	9	6	8	2
6	3	8	4	1	2	5	9	7
2	7	9	8	6	5	4	3	1

102

2	8	5	7	6	1	9	4	3
3	4	7	2	9	8	5	6	1
9	6	1	5	4	3	8	2	7
5	1	6	8	7	4	2	3	9
4	3	2	9	5	6	7	1	8
8	7	9	3	1	2	6	5	4
6	2	3	1	8	9	4	7	5
7	9	4	6	3	5	1	8	2
1	5	8	4	2	7	3	9	6

103

6	3	7	8	9	1	4	5	2
9	8	2	3	4	5	7	6	1
1	5	4	6	7	2	8	3	9
5	4	1	9	8	6	2	7	3
8	2	6	7	1	3	9	4	5
7	9	3	5	2	4	6	1	8
3	7	5	2	6	8	1	9	4
4	6	8	1	3	9	5	2	7
2	1	9	4	5	7	3	8	6

104

4	1	6	3	7	9	5	2	8
7	2	5	8	4	1	3	6	9
8	9	3	6	2	5	7	1	4
2	6	7	9	5	4	1	8	3
1	5	8	2	3	6	9	4	7
3	4	9	7	1	8	2	5	6
5	8	4	1	9	3	6	7	2
9	7	1	4	6	2	8	3	5
6	3	2	5	8	7	4	9	1

105

5	2	7	9	4	3	6	8	1
3	6	9	1	8	7	2	5	4
4	8	1	5	2	6	7	9	3
2	5	4	6	1	9	3	7	8
9	1	3	7	5	8	4	2	6
8	7	6	4	3	2	9	1	5
1	3	5	2	9	4	8	6	7
6	4	2	8	7	1	5	3	9
7	9	8	3	6	5	1	4	2

106

2	7	1	3	8	6	9	5	4
6	4	9	7	1	5	2	8	3
8	3	5	4	9	2	1	6	7
5	2	6	1	4	8	7	3	9
7	8	4	9	2	3	6	1	5
9	1	3	6	5	7	4	2	8
3	9	7	8	6	1	5	4	2
4	6	2	5	3	9	8	7	1
1	5	8	2	7	4	3	9	6

107

2	8	6	1	5	7	4	3	9
9	4	5	2	6	3	7	8	1
3	7	1	8	4	9	6	5	2
1	9	2	6	3	8	5	4	7
5	3	7	9	2	4	8	1	6
4	6	8	7	1	5	9	2	3
8	2	3	5	7	6	1	9	4
6	5	4	3	9	1	2	7	8
7	1	9	4	8	2	3	6	5

108

5	9	8	3	2	4	7	1	6
6	3	2	7	5	1	9	8	4
1	7	4	8	6	9	2	5	3
2	5	1	9	7	6	4	3	8
7	6	3	1	4	8	5	2	9
8	4	9	2	3	5	6	7	1
9	1	5	4	8	7	3	6	2
3	8	7	6	9	2	1	4	5
4	2	6	5	1	3	8	9	7

109

9	2	1	5	4	6	3	7	8
6	4	7	8	3	2	5	9	1
3	8	5	9	1	7	4	2	6
5	1	2	6	8	4	9	3	7
7	6	8	3	9	5	2	1	4
4	3	9	7	2	1	6	8	5
2	5	4	1	7	3	8	6	9
1	9	3	4	6	8	7	5	2
8	7	6	2	5	9	1	4	3

110

7	8	5	3	9	2	1	6	4
1	4	2	8	7	6	3	9	5
9	6	3	5	1	4	2	8	7
4	9	1	2	6	8	5	7	3
3	2	6	1	5	7	9	4	8
5	7	8	4	3	9	6	2	1
6	3	9	7	4	1	8	5	2
8	5	4	6	2	3	7	1	9
2	1	7	9	8	5	4	3	6

111

7	9	2	8	5	4	3	6	1
3	4	8	1	6	7	5	9	2
5	6	1	9	2	3	7	8	4
6	5	7	3	1	9	2	4	8
1	2	4	5	8	6	9	3	7
9	8	3	7	4	2	1	5	6
4	1	5	2	9	8	6	7	3
2	3	6	4	7	5	8	1	9
8	7	9	6	3	1	4	2	5

112

4	7	2	3	6	8	9	5	1
9	8	5	1	4	2	3	7	6
3	6	1	9	5	7	8	2	4
5	3	6	2	9	4	7	1	8
8	9	7	5	1	6	2	4	3
2	1	4	8	7	3	5	6	9
1	5	3	6	2	9	4	8	7
7	2	9	4	8	1	6	3	5
6	4	8	7	3	5	1	9	2

113

2	9	6	3	1	7	8	4	5
7	4	8	2	6	5	1	9	3
3	5	1	8	9	4	7	2	6
1	6	5	7	4	8	2	3	9
4	7	2	6	3	9	5	1	8
9	8	3	5	2	1	4	6	7
8	2	9	1	5	6	3	7	4
6	3	7	4	8	2	9	5	1
5	1	4	9	7	3	6	8	2

114

3	4	2	7	9	1	8	6	5
7	5	9	8	3	6	4	2	1
6	8	1	5	4	2	3	9	7
9	1	5	6	8	3	2	7	4
4	6	3	2	1	7	5	8	9
8	2	7	9	5	4	6	1	3
2	3	6	4	7	9	1	5	8
1	9	8	3	2	5	7	4	6
5	7	4	1	6	8	9	3	2

115

4	2	3	1	6	9	8	5	7
6	8	5	7	2	3	4	1	9
9	1	7	8	4	5	6	3	2
8	3	6	2	9	4	1	7	5
2	7	4	5	1	6	9	8	3
1	5	9	3	8	7	2	6	4
5	6	2	4	7	1	3	9	8
7	4	1	9	3	8	5	2	6
3	9	8	6	5	2	7	4	1

116

1	8	6	5	7	9	2	3	4
4	3	5	2	6	8	1	9	7
2	9	7	3	4	1	8	6	5
6	1	2	8	9	7	4	5	3
7	5	8	1	3	4	6	2	9
9	4	3	6	2	5	7	8	1
3	6	1	4	5	2	9	7	8
5	7	4	9	8	6	3	1	2
8	2	9	7	1	3	5	4	6

117

8	7	4	1	2	3	6	5	9
1	6	3	4	9	5	2	7	8
5	9	2	7	8	6	1	3	4
6	8	1	9	5	2	3	4	7
9	2	7	3	4	1	5	8	6
3	4	5	8	6	7	9	1	2
2	3	6	5	7	4	8	9	1
7	5	9	6	1	8	4	2	3
4	1	8	2	3	9	7	6	5

118

4	9	7	5	6	3	1	8	2
5	6	2	8	9	1	3	7	4
3	8	1	7	4	2	9	5	6
2	5	6	9	3	4	7	1	8
7	3	8	1	5	6	2	4	9
1	4	9	2	7	8	5	6	3
6	7	5	3	8	9	4	2	1
9	2	4	6	1	7	8	3	5
8	1	3	4	2	5	6	9	7

119

2	8	3	6	7	9	5	1	4
4	5	7	3	8	1	6	9	2
6	1	9	2	4	5	7	3	8
3	4	8	5	9	6	2	7	1
5	2	1	7	3	8	4	6	9
7	9	6	4	1	2	3	8	5
8	3	2	9	6	4	1	5	7
1	6	4	8	5	7	9	2	3
9	7	5	1	2	3	8	4	6

120

7	8	9	1	6	3	4	2	5
3	6	4	5	2	8	7	9	1
1	2	5	7	4	9	3	8	6
9	3	6	2	7	1	8	5	4
2	4	7	8	9	5	6	1	3
8	5	1	6	3	4	9	7	2
5	9	8	4	1	6	2	3	7
6	7	3	9	5	2	1	4	8
4	1	2	3	8	7	5	6	9

121

3	1	6	7	9	8	4	5	2
5	4	8	3	1	2	6	9	7
9	7	2	4	5	6	3	8	1
4	3	9	6	8	7	2	1	5
6	8	5	1	2	9	7	3	4
1	2	7	5	4	3	9	6	8
8	9	3	2	7	5	1	4	6
7	6	1	8	3	4	5	2	9
2	5	4	9	6	1	8	7	3

122

5	6	4	9	8	3	7	2	1
3	1	7	6	5	2	9	4	8
9	2	8	4	7	1	5	3	6
1	9	3	2	6	5	8	7	4
8	4	6	3	9	7	1	5	2
2	7	5	1	4	8	6	9	3
4	3	9	7	1	6	2	8	5
6	8	2	5	3	9	4	1	7
7	5	1	8	2	4	3	6	9

123

2	9	6	7	4	3	1	8	5
1	5	7	8	6	9	3	2	4
3	4	8	1	2	5	9	7	6
7	6	5	4	8	1	2	9	3
4	3	9	2	5	7	6	1	8
8	1	2	9	3	6	5	4	7
9	8	3	5	7	2	4	6	1
5	7	1	6	9	4	8	3	2
6	2	4	3	1	8	7	5	9

124

4	2	8	9	6	7	1	5	3
7	1	5	2	3	4	8	9	6
9	6	3	1	8	5	4	2	7
8	5	1	6	4	3	2	7	9
2	7	9	5	1	8	3	6	4
3	4	6	7	9	2	5	1	8
1	3	7	4	5	9	6	8	2
6	9	4	8	2	1	7	3	5
5	8	2	3	7	6	9	4	1

125

8	2	3	1	7	6	9	4	5
5	9	6	8	4	2	7	3	1
4	1	7	3	9	5	2	6	8
3	8	4	6	1	9	5	7	2
2	5	1	4	3	7	8	9	6
6	7	9	5	2	8	3	1	4
7	6	5	9	8	1	4	2	3
1	3	2	7	5	4	6	8	9
9	4	8	2	6	3	1	5	7

126

5	7	3	9	2	4	1	6	8
8	6	4	7	3	1	5	9	2
1	2	9	5	6	8	4	3	7
9	8	6	1	5	7	2	4	3
3	5	7	4	9	2	8	1	6
4	1	2	3	8	6	7	5	9
6	4	5	8	7	3	9	2	1
7	3	1	2	4	9	6	8	5
2	9	8	6	1	5	3	7	4

127

6	5	3	9	8	4	1	7	2
2	1	8	6	7	5	3	9	4
9	4	7	2	3	1	8	5	6
8	9	4	1	2	7	5	6	3
3	2	1	5	6	9	7	4	8
7	6	5	8	4	3	9	2	1
4	7	2	3	5	8	6	1	9
5	8	9	4	1	6	2	3	7
1	3	6	7	9	2	4	8	5

128

1	5	3	2	4	7	8	9	6
8	6	2	1	9	5	4	7	3
4	9	7	3	6	8	2	1	5
5	3	9	6	8	1	7	4	2
7	1	8	4	3	2	5	6	9
2	4	6	5	7	9	1	3	8
3	7	5	9	2	4	6	8	1
6	2	4	8	1	3	9	5	7
9	8	1	7	5	6	3	2	4

129

9	4	6	8	1	7	3	5	2
2	7	8	5	9	3	4	6	1
3	1	5	4	2	6	7	8	9
1	5	3	6	4	9	2	7	8
4	2	7	3	8	1	6	9	5
8	6	9	2	7	5	1	4	3
5	8	4	7	3	2	9	1	6
6	9	2	1	5	4	8	3	7
7	3	1	9	6	8	5	2	4

130

9	6	2	5	1	7	4	8	3
4	3	5	2	6	8	7	9	1
1	7	8	4	9	3	2	5	6
3	5	4	6	8	2	9	1	7
7	8	1	3	5	9	6	2	4
6	2	9	1	7	4	8	3	5
2	4	6	8	3	5	1	7	9
8	9	3	7	4	1	5	6	2
5	1	7	9	2	6	3	4	8

131

2	5	8	4	3	9	6	1	7
3	6	7	8	5	1	2	9	4
4	1	9	2	6	7	8	3	5
7	4	3	9	1	6	5	8	2
1	9	5	7	2	8	3	4	6
8	2	6	3	4	5	1	7	9
5	7	2	1	9	3	4	6	8
6	8	1	5	7	4	9	2	3
9	3	4	6	8	2	7	5	1

132

4	8	1	9	5	2	3	7	6
6	3	5	4	7	8	9	1	2
2	7	9	1	6	3	4	5	8
7	5	4	2	8	9	6	3	1
8	9	3	6	1	5	7	2	4
1	2	6	3	4	7	8	9	5
3	4	2	5	9	6	1	8	7
5	6	7	8	3	1	2	4	9
9	1	8	7	2	4	5	6	3

133

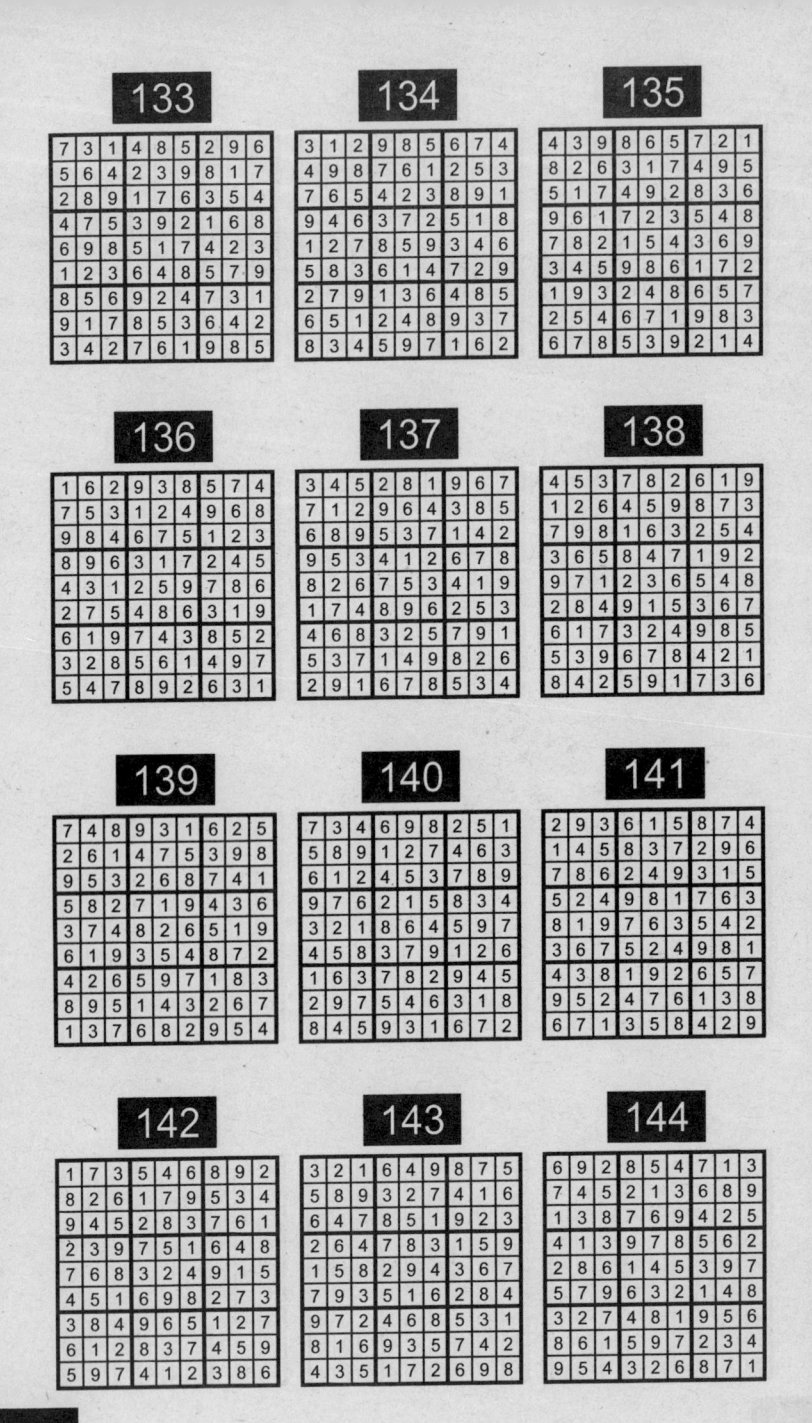

7	3	1	4	8	5	2	9	6
5	6	4	2	3	9	8	1	7
2	8	9	1	7	6	3	5	4
4	7	5	3	9	2	1	6	8
6	9	8	5	1	7	4	2	3
1	2	3	6	4	8	5	7	9
8	5	6	9	2	4	7	3	1
9	1	7	8	5	3	6	4	2
3	4	2	7	6	1	9	8	5

134

3	1	2	9	8	5	6	7	4
4	9	8	7	6	1	2	5	3
7	6	5	4	2	3	8	9	1
9	4	6	3	7	2	5	1	8
1	2	7	8	5	9	3	4	6
5	8	3	6	1	4	7	2	9
2	7	9	1	3	6	4	8	5
6	5	1	2	4	8	9	3	7
8	3	4	5	9	7	1	6	2

135

4	3	9	8	6	5	7	2	1
8	2	6	3	1	7	4	9	5
5	1	7	4	9	2	8	3	6
9	6	1	7	2	3	5	4	8
7	8	2	1	5	4	3	6	9
3	4	5	9	8	6	1	7	2
1	9	3	2	4	8	6	5	7
2	5	4	6	7	1	9	8	3
6	7	8	5	3	9	2	1	4

136

1	6	2	9	3	8	5	7	4
7	5	3	1	2	4	9	6	8
9	8	4	6	7	5	1	2	3
8	9	6	3	1	7	2	4	5
4	3	1	2	5	9	7	8	6
2	7	5	4	8	6	3	1	9
6	1	9	7	4	3	8	5	2
3	2	8	5	6	1	4	9	7
5	4	7	8	9	2	6	3	1

137

3	4	5	2	8	1	9	6	7
7	1	2	9	6	4	3	8	5
6	8	9	5	3	7	1	4	2
9	5	3	4	1	2	6	7	8
8	2	6	7	5	3	4	1	9
1	7	4	8	9	6	2	5	3
4	6	8	3	2	5	7	9	1
5	3	7	1	4	9	8	2	6
2	9	1	6	7	8	5	3	4

138

4	5	3	7	8	2	6	1	9
1	2	6	4	5	9	8	7	3
7	9	8	1	6	3	2	5	4
3	6	5	8	4	7	1	9	2
9	7	1	2	3	6	5	4	8
2	8	4	9	1	5	3	6	7
6	1	7	3	2	4	9	8	5
5	3	9	6	7	8	4	2	1
8	4	2	5	9	1	7	3	6

139

7	4	8	9	3	1	6	2	5
2	6	1	4	7	5	3	9	8
9	5	3	2	6	8	7	4	1
5	8	2	7	1	9	4	3	6
3	7	4	8	2	6	5	1	9
6	1	9	3	5	4	8	7	2
4	2	6	5	9	7	1	8	3
8	9	5	1	4	3	2	6	7
1	3	7	6	8	2	9	5	4

140

7	3	4	6	9	8	2	5	1
5	8	9	1	2	7	4	6	3
6	1	2	4	5	3	7	8	9
9	7	6	2	1	5	8	3	4
3	2	1	8	6	4	5	9	7
4	5	8	3	7	9	1	2	6
1	6	3	7	8	2	9	4	5
2	9	7	5	4	6	3	1	8
8	4	5	9	3	1	6	7	2

141

2	9	3	6	1	5	8	7	4
1	4	5	8	3	7	2	9	6
7	8	6	2	4	9	3	1	5
5	2	4	9	8	1	7	6	3
8	1	9	7	6	3	5	4	2
3	6	7	5	2	4	9	8	1
4	3	8	1	9	2	6	5	7
9	5	2	4	7	6	1	3	8
6	7	1	3	5	8	4	2	9

142

1	7	3	5	4	6	8	9	2
8	2	6	1	7	9	5	3	4
9	4	5	2	8	3	7	6	1
2	3	9	7	5	1	6	4	8
7	6	8	3	2	4	9	1	5
4	5	1	6	9	8	2	7	3
3	8	4	9	6	5	1	2	7
6	1	2	8	3	7	4	5	9
5	9	7	4	1	2	3	8	6

143

3	2	1	6	4	9	8	7	5
5	8	9	3	2	7	4	1	6
6	4	7	8	5	1	9	2	3
2	6	4	7	8	3	1	5	9
1	5	8	2	9	4	3	6	7
7	9	3	5	1	6	2	8	4
9	7	2	4	6	8	5	3	1
8	1	6	9	3	5	7	4	2
4	3	5	1	7	2	6	9	8

144

6	9	2	8	5	4	7	1	3
7	4	5	2	1	3	6	8	9
1	3	8	7	6	9	4	2	5
4	1	3	9	7	8	5	6	2
2	8	6	1	4	5	3	9	7
5	7	9	6	3	2	1	4	8
3	2	7	4	8	1	9	5	6
8	6	1	5	9	7	2	3	4
9	5	4	3	2	6	8	7	1

145

8	7	5	1	2	9	6	3	4
9	3	1	6	5	4	8	7	2
6	4	2	3	8	7	9	1	5
5	9	6	4	7	1	3	2	8
7	8	4	5	3	2	1	6	9
2	1	3	9	6	8	4	5	7
4	2	7	8	1	3	5	9	6
3	5	8	7	9	6	2	4	1
1	6	9	2	4	5	7	8	3

146

8	5	1	3	9	7	4	2	6
6	3	9	5	4	2	8	7	1
7	4	2	6	1	8	3	5	9
9	8	6	7	3	4	2	1	5
3	1	7	2	5	9	6	8	4
5	2	4	1	8	6	9	3	7
4	7	3	8	6	5	1	9	2
2	6	8	9	7	1	5	4	3
1	9	5	4	2	3	7	6	8

147

5	9	6	7	8	1	3	4	2
3	1	2	5	4	6	8	7	9
7	4	8	3	2	9	1	5	6
6	2	3	4	5	8	9	1	7
9	7	5	6	1	3	4	2	8
4	8	1	9	7	2	5	6	3
8	5	9	2	6	4	7	3	1
1	6	4	8	3	7	2	9	5
2	3	7	1	9	5	6	8	4

148

1	3	2	5	7	8	9	4	6
5	9	7	6	2	4	8	3	1
6	4	8	1	3	9	5	2	7
9	8	6	2	4	3	1	7	5
2	5	3	7	9	1	4	6	8
4	7	1	8	5	6	2	9	3
3	1	5	9	6	2	7	8	4
8	2	4	3	1	7	6	5	9
7	6	9	4	8	5	3	1	2

149

5	6	3	8	4	9	2	1	7
4	8	9	2	7	1	3	6	5
2	1	7	5	3	6	4	8	9
8	4	6	7	1	3	9	5	2
9	7	5	4	8	2	1	3	6
3	2	1	9	6	5	7	4	8
7	3	2	1	5	8	6	9	4
1	9	8	6	2	4	5	7	3
6	5	4	3	9	7	8	2	1

150

7	4	1	3	9	5	6	8	2
2	6	3	8	1	4	7	5	9
8	5	9	7	2	6	4	1	3
6	8	5	1	7	2	9	3	4
9	3	7	5	4	8	1	2	6
4	1	2	6	3	9	8	7	5
1	2	6	4	8	3	5	9	7
5	9	8	2	6	7	3	4	1
3	7	4	9	5	1	2	6	8

151

3	7	4	2	8	9	5	6	1
9	2	6	3	5	1	7	4	8
5	1	8	6	7	4	3	9	2
6	9	2	8	3	5	1	7	4
4	5	7	1	6	2	9	8	3
1	8	3	4	9	7	2	5	6
2	6	9	5	1	8	4	3	7
8	4	5	7	2	3	6	1	9
7	3	1	9	4	6	8	2	5

152

2	9	4	7	6	5	1	3	8
8	7	1	2	9	3	6	4	5
6	3	5	4	8	1	2	7	9
5	6	7	3	4	2	9	8	1
4	8	3	1	5	9	7	2	6
1	2	9	6	7	8	3	5	4
9	4	2	8	1	7	5	6	3
7	1	8	5	3	6	4	9	2
3	5	6	9	2	4	8	1	7

153

1	2	5	8	3	6	9	7	4
4	6	3	1	9	7	2	8	5
8	9	7	5	2	4	3	1	6
6	7	9	2	1	5	8	4	3
5	3	4	9	7	8	1	6	2
2	1	8	4	6	3	5	9	7
9	5	6	3	4	1	7	2	8
7	8	2	6	5	9	4	3	1
3	4	1	7	8	2	6	5	9

154

9	5	8	1	4	3	6	2	7
1	3	7	9	6	2	4	5	8
6	2	4	5	7	8	3	1	9
7	9	3	2	1	4	8	6	5
8	1	5	3	9	6	7	4	2
4	6	2	8	5	7	1	9	3
5	8	9	6	3	1	2	7	4
3	7	1	4	2	5	9	8	6
2	4	6	7	8	9	5	3	1

155

6	3	9	2	1	5	4	7	8
5	4	8	7	3	6	1	9	2
1	7	2	8	4	9	5	6	3
7	9	3	5	8	1	2	4	6
8	6	1	3	2	4	7	5	9
2	5	4	9	6	7	8	3	1
9	1	7	6	5	8	3	2	4
3	8	6	4	7	2	9	1	5
4	2	5	1	9	3	6	8	7

156

9	8	2	5	6	4	1	3	7
4	6	7	2	1	3	9	8	5
3	5	1	9	8	7	2	6	4
6	4	5	8	3	1	7	9	2
1	2	9	7	5	6	3	4	8
7	3	8	4	2	9	5	1	6
8	7	4	1	9	2	6	5	3
2	1	6	3	4	5	8	7	9
5	9	3	6	7	8	4	2	1

157

9	3	4	1	7	5	6	2	8
7	6	8	4	2	3	5	1	9
5	2	1	9	6	8	3	4	7
2	5	7	3	4	9	1	8	6
4	8	9	7	1	6	2	3	5
3	1	6	8	5	2	7	9	4
8	7	5	2	3	4	9	6	1
1	9	2	6	8	7	4	5	3
6	4	3	5	9	1	8	7	2

158

3	2	1	5	6	8	4	9	7
5	4	7	9	3	1	2	8	6
8	6	9	4	7	2	5	3	1
7	3	2	6	9	4	8	1	5
9	1	6	3	8	5	7	2	4
4	8	5	2	1	7	3	6	9
6	9	4	8	5	3	1	7	2
2	7	3	1	4	9	6	5	8
1	5	8	7	2	6	9	4	3

159

1	9	5	8	4	2	7	3	6
2	6	7	3	9	5	1	8	4
8	4	3	1	7	6	9	2	5
3	7	1	9	6	4	8	5	2
4	2	8	7	5	3	6	9	1
6	5	9	2	8	1	4	7	3
5	8	2	4	1	9	3	6	7
9	1	6	5	3	7	2	4	8
7	3	4	6	2	8	5	1	9

160

7	3	4	1	2	5	6	8	9
6	5	9	8	7	4	1	2	3
2	1	8	9	3	6	7	5	4
9	2	1	6	4	8	5	3	7
5	8	7	3	1	9	2	4	6
3	4	6	2	5	7	8	9	1
8	7	3	5	9	1	4	6	2
4	6	2	7	8	3	9	1	5
1	9	5	4	6	2	3	7	8

161

9	2	3	5	7	1	4	8	6
1	8	6	4	3	9	7	5	2
7	5	4	6	2	8	3	1	9
4	6	5	2	9	3	8	7	1
2	3	7	8	1	5	9	6	4
8	9	1	7	4	6	5	2	3
3	1	8	9	5	2	6	4	7
6	7	9	1	8	4	2	3	5
5	4	2	3	6	7	1	9	8

162

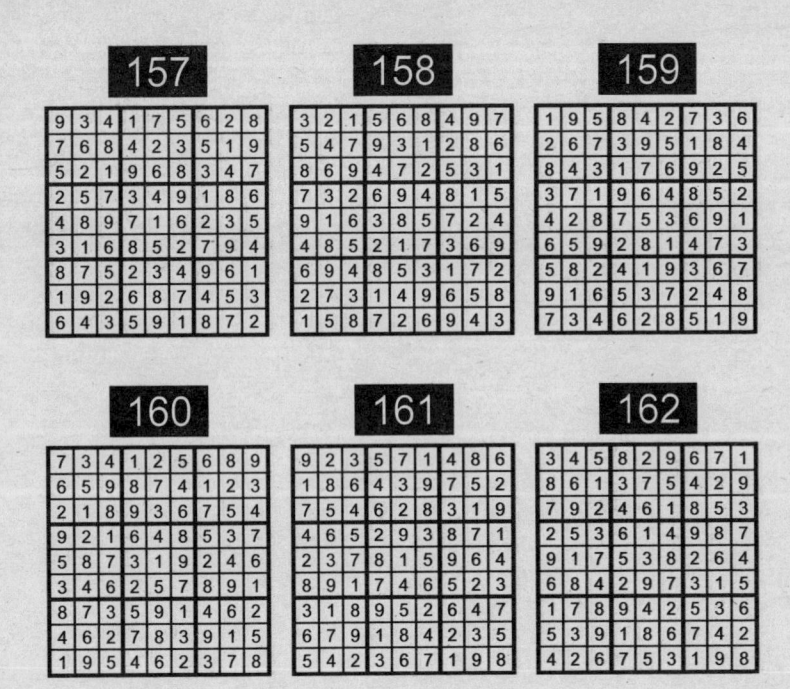

3	4	5	8	2	9	6	7	1
8	6	1	3	7	5	4	2	9
7	9	2	4	6	1	8	5	3
2	5	3	6	1	4	9	8	7
9	1	7	5	3	8	2	6	4
6	8	4	2	9	7	3	1	5
1	7	8	9	4	2	5	3	6
5	3	9	1	8	6	7	4	2
4	2	6	7	5	3	1	9	8

QRCode website

instagram.com/editorapedaletra/

facebook.com/EdPeDaLetra/

www.editorapedaletra.com.br